VADE-MECUM

DES HUISSIERS.

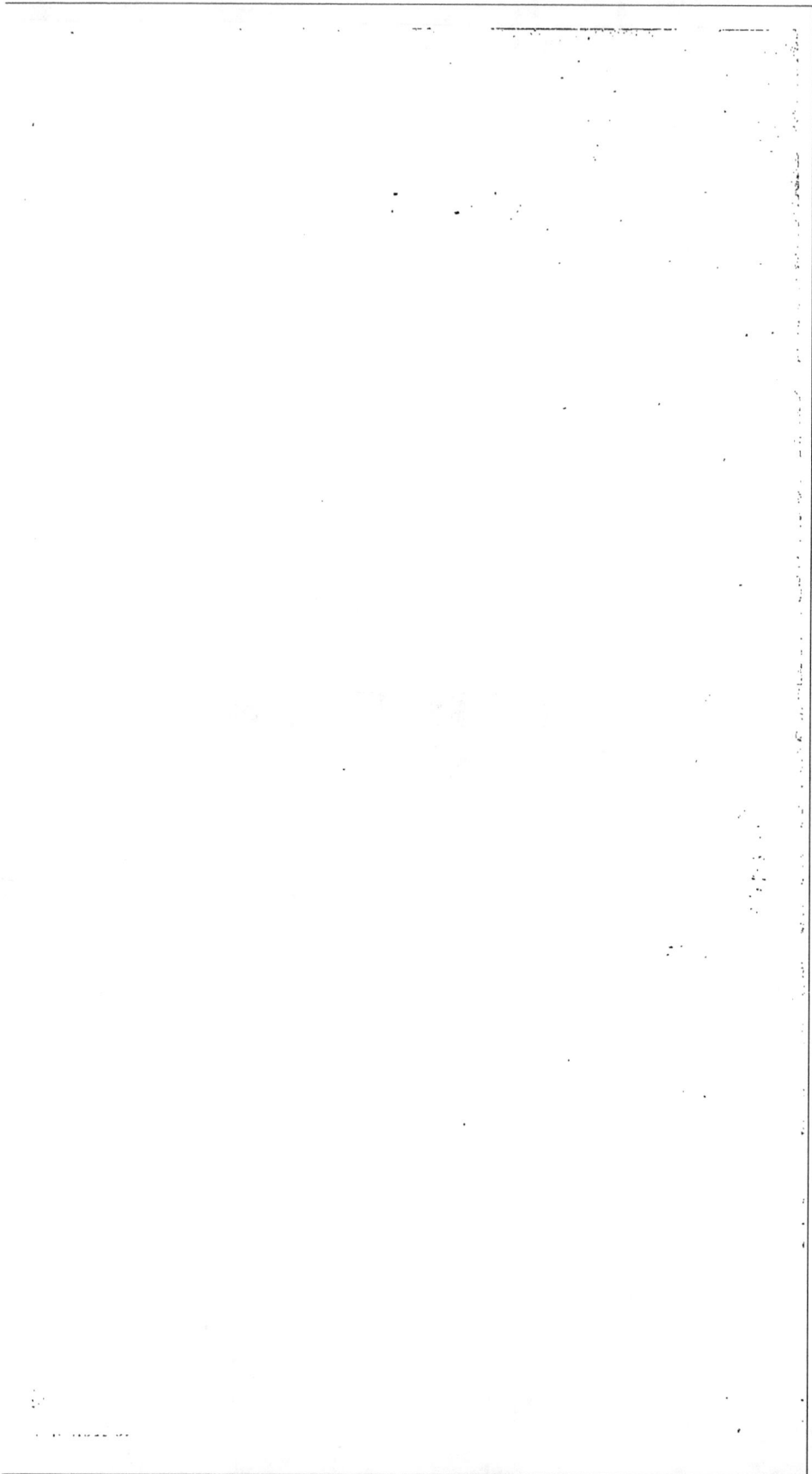

VADE-MECUM

DES HUISSIERS.

RECUEIL

DES

DISPOSITIONS LES PLUS USUELLES DE LA LÉGISLATION QUI RÉGIT CES OFFICIERS MINISTÉRIELS,

MISES EN ORDRE

PAR M. J. JAUMARD,

Secrétaire de la Chambre de discipline des Huissiers de l'arrondissement de Bordeaux,

Avec l'approbation de cette Chambre,

Composée de MM. TONNELLÉ, Syndic ; BISSEJ, Rapporteur ; PEYTOUREAU, Trésorier ; JAUMARD, Secrétaire ; HENRY ROBERT, MERLET AINÉ, MOUTINARD, NADAL, CHASSAT, Membres.

BORDEAUX.

IMPRIMERIE DE LAZARD-LÉVY ET A. MERVY,

Fossés des Carmes, 9, près du Collége royal.

1846

RECUEIL

DES LOIS ET RÈGLEMENTS

QUI RÉGISSENT

LES COMMUNAUTÉS DES HUISSIERS.

———◦———

Organisation et Service des Huissiers.

Décret du 14 juin 1813.

———

Napoléon, etc...... Notre Conseil d'Etat entendu, nous avons décrété et décrétons ce qui suit :

TITRE PREMIER.

DE LA NOMINATION, DU NOMBRE ET DE LA RÉSIDENCE DES HUISSIERS.

§ Ier. — De la nomination et du nombre des huissiers.

ARTICLE 1er. Les huissiers institués pour le service de nos Cours impériales et prévôtales, et pour tous nos Tribunaux, seront nommés par nous.

2. Ils auront tous le même caractère, les mêmes attributions, et le droit d'exploiter concurremment dans l'étendue du ressort du Tribunal civil d'arrondissement de leur résidence.

Néanmoins nos Cours et nos Tribunaux choisiront parmi ces huissiers, conformément au titre V de notre décret du 30 mars 1808, ceux qu'ils jugeront les plus dignes de leur confiance pour le service intérieur de leurs audiences.

3. Les huissiers ainsi désignés par nos Cours et Tribunaux continueront de porter le titre d'*huissiers-audienciers ;* ils auront, pour ce service particulier, une indemnité qui sera réglée par les art. 93, 94, 95, 96 et 103 ci-après.

4. Le tableau des huissiers-audienciers sera renouvelé au mois de novembre de chaque année : tous les membres en exercice seront rééligibles ; ceux qui n'auront pas été réélus rentreront dans la classe des huissiers ordinaires.

5. Les huissiers qui seront en activité lors de la publication de notre présent décret, continueront provisoirement l'exercice de leurs fonctions ; mais ils ne seront maintenus qu'après avoir obtenu de nous une commission confirmative.

A cet effet, ils remettront, dans les trois mois de ladite publication, tous les titres et pièces concernant leurs précédentes nominations et réceptions, au greffe du Tribunal de première instance de leur résidence.

Ils y joindront leur demande en commission confirmative, et le greffier leur donnera récépissé du tout.

Notre procureur près le Tribunal de première instance enverra cette demande, avec l'avis du Tribunal, à notre procureur général, qui prendra l'avis de la Cour impériale, et adressera le tout à notre grand-juge, ministre de la justice.

6. Lorsque la liste des huissiers auxquels nous aurons accordé la commission confirmative, aura été renvoyée par notre ministre de la justice à notre procureur général, ceux qui ne se trouveront pas sur la liste seront tenus de cesser leurs fonctions, à compter du jour où la notification leur en aura été faite à la diligence du ministère public; cette même liste sera de plus affichée dans la salle d'audience et au greffe de la Cour ou du Tribunal.

7. Chacun des huissiers qui auront obtenu la commission confirmative, prêtera, dans les deux mois à compter du jour où la liste aura été affichée, et ce, à l'audience de ladite Cour ou dudit Tribunal, le serment de fidélité à l'Empereur et d'obéissance aux constitutions de l'empire, ainsi que celui de se conformer aux lois et réglements concernant son ministère, et de remplir ses fonctions avec exactitude et probité.

8. Notre grand-juge, ministre de la justice, après avoir pris l'avis de nos Cours et les observations de nos procureurs généraux, nous proposera la fixation définitive du nombre des huissiers qu'il doit y avoir dans le ressort de chaque Tribunal civil d'arrondissement.

9. Si le nombre des huissiers maintenus d'après l'art. 6 excède celui qui sera définitivement fixé par nous en exécution du précédent article, la réduction à ce dernier nombre ne s'opérera que par mort, démission ou destitution.

10. A l'égard de ceux qui aspireront à l'avenir aux

places d'huissiers ordinaires, les conditions requises seront :

1° D'être âgé de vingt-cinq ans accomplis; 2° d'avoir satisfait aux lois du recrutement de l'armée; 3° d'avoir travaillé au moins pendant deux ans, soit dans l'étude d'un notaire ou d'un avoué, soit chez un huissier, ou pendant trois ans au greffe d'une Cour impériale ou d'un Tribunal de première instance; 4° d'avoir obtenu de la chambre de discipline, dont il sera parlé ci-après, un certificat de moralité, de bonne conduite et de capacité. Si la chambre accorde trop légèrement, ou refuse, sans motif valable, ce certificat, il y aura recours au Tribunal de première instance, savoir : dans le premier cas, par le procureur impérial, et dans le second, par la partie intéressée. En conséquence, le Tribunal, après avoir pris connaissance des motifs d'admission ou de refus de la chambre, ainsi que des moyens de justification de l'aspirant, et après avoir entendu notre procureur impérial, pourra refuser ou accorder lui-même le certificat, par une délibération dont copie sera jointe à l'acte de présentation du candidat.

11. Ceux qui seront nommés huissiers se présenteront dans le mois qui suivra la notification à eux faite du décret de leur nomination, à l'audience publique du Tribunal de première instance, et y prêteront le serment prescrit par l'art. 7.

12. Ces huissiers ne pourront faire aucun acte de leur ministère avant d'avoir prêté ledit serment, et ils ne seront admis à le prêter que sur la représentation de la quittance du cautionnement fixé par la loi.

13. Ceux qui n'auront point prêté le serment dans le délai ci-dessus fixé, demeureront déchus de leur nomination, à moins qu'ils ne prouvent que le retard ne leur est point imputable ; auquel cas, le Tribunal pourra déclarer qu'ils sont relevés de la déchéance par eux encourue, et les admettra au serment.

14. La précédente disposition est applicable aux huissiers dont il est parlé en l'art. 5, relativement au délai fixé par l'art. 7.

§ II. — De la résidence des huissiers.

15. Les huissiers-audienciers seront tenus, à peine d'être remplacés, de résider dans les villes où siégent les Cours et Tribunaux près desquels ils devront faire respectivement leur service.

16. Les huissiers ordinaires seront tenus, sous la même peine, de garder la résidence qui leur aura été assignée par le Tribunal de première instance.

17. La résidence des huissiers ordinaires sera, autant que faire se pourra, fixée dans les chefs-lieux de canton.

18. Si des circonstances de localité ne permettent point l'établissement d'un huissier ordinaire au chef-lieu du canton, le Tribunal de première instance le fixera dans l'une des communes les plus rapprochées du chef-lieu.

19. Dans les communes divisées en deux arrondissements de justices de paix, ou plus, chaque huissier ordinaire sera tenu de fixer sa demeure dans le quartier que le Tribunal de première instance jugera convenable de lui indiquer à cet effet.

TITRE II.

DES ATTRIBUTIONS DES HUISSIERS, ET DE LEURS DEVOIRS.

CHAPITRE Ier. — *Attributions des Huissiers.*

§ Ier. — Service personnel près les Cours impériales et prévôtales, et près les divers Tribunaux.

20. Les huissiers-audienciers sont maintenus dans le droit que leur donne et l'obligation que leur impose notre décret du 30 mars 1808, de faire exclusivement, près leurs Cours et Tribunaux respectifs, le service personnel aux audiences, aux assemblées générales ou particulières, aux enquêtes, interrogatoires et autres commissions, ainsi qu'au parquet.

Pourront néanmoins nos Cours et Tribunaux commettre accidentellement des huissiers ordinaires, à défaut ou en cas d'insuffisance des huissiers-audienciers.

21. Le service personnel d'huissier près les Cours d'assises et les Cours spéciales sera fait, savoir : dans les villes où siégent nos Cours impériales, par des huissiers-audienciers de la Cour impériale, et, partout ailleurs, par des huissiers-audienciers du Tribunal de première instance du lieu où se tiendront les séances de la Cour d'assises ou de la Cour spéciale.

L'art. 118 de notre décret du 6 juillet 1810, relatif au mode de désignation des huissiers qui doivent faire le service près les Cours d'assises et les Cours spéciales des départements autres que celui où siége la Cour impériale, continuera de recevoir son exécution.

22. Les huissiers qui seront désignés pour faire le

service personnel près les Cours d'assises et les Cours spéciales, ne pourront, pendant la durée des sessions criminelles, sortir du canton de leur résidence, sans un ordre exprès du procureur général ou du procureur impérial criminel.

23. Il sera fait, par nos Cours et Tribunaux, des réglements particuliers sur l'ordre du service de leurs huissiers-audienciers, en se conformant aux dispositions du présent titre et à celles du titre V de notre décret du 30 mars 1808.

Les réglements que feront sur cet objet les Tribunaux de première instance ou de commerce et les Tribunaux ordinaires des douanes, seront soumis à l'approbation des Cours auxquelles ces Tribunaux ressortissent.

§ II. — Droit d'exploiter, etc.

24. Toutes citations, notifications et significations requises pour l'instruction des procès, ainsi que tous actes et exploits nécessaires pour l'exécution des ordonnances de justice, de jugements et arrêts, seront faits concurremment par les huissiers-audienciers et les huissiers ordinaires, chacun dans l'étendue du ressort du Tribunal civil de première instance de sa résidence, sauf les restrictions portées par les articles suivants.

25. Les huissiers-audienciers de notre Cour de cassation continueront, dans l'étendue du lieu de la résidence de cette Cour, d'instrumenter exclusivement à tous autres huissiers pour les affaires portées devant elle.

26. Les huissiers de nos Cours impériales et ceux de nos Tribunaux de première instance feront inclusivement, près leurs Cours et Tribunaux respectifs, les significations d'avoué à avoué.

27. Les huissiers-audienciers de nos Cours prévôtales et Tribunaux ordinaires des douanes feront inclusivement, près leurs Cours et Tribunaux respectifs, et dans l'étendue du canton de leur résidence, tous exploits en matière de douanes.

28. Tous exploits et actes du ministère d'huissiers près les Justices de paix et les Tribunaux de police seront faits par les huissiers ordinaires employés au service des audiences.

A défaut ou en cas d'insuffisance des huissiers ordinaires du ressort, lesdits exploits et actes seront faits par les huissiers ordinaires de l'un des cantons les plus voisins.

29. Défenses itératives sont faites à tous huissiers, sans distinction, d'instrumenter en matière criminelle ou correctionnelle hors du canton de leur résidence, sans un mandement exprès, délivré conformément à l'art. 84 de notre décret du 18 juin 1811.

30. Nos procureurs près les Tribunaux de première instance et les juges d'instruction ne pourront délivrer de pareils mandements que pour l'étendue du ressort du Tribunal de première instance.

31. Nos procureurs impériaux criminels pourront ordonner le transport d'un huissier dans toute l'étendue du département.

32. La disposition du précédent article est applicable à nos procureurs près les Tribunaux ordinaires

des douanes, à moins qu'il n'y ait dans le même département deux ou plusieurs de ces Tribunaux : dans ce dernier cas, ils ne pourront ordonner le transport que pour la partie de ce département formant le ressort de leur Tribunal.

33. Le transport des huissiers dans les divers départements du ressort de nos Cours impériales et prévôtales ne pourra être autorisé, dans des affaires criminelles, que par nos procureurs généraux près ces Cours.

34. En matière de simple police, aucun huissier ne pourra instrumenter hors du canton de sa résidence, si ce n'est dans le cas prévu par le second paragraphe de l'art. 28 du présent décret, et en vertu d'une cédule délivrée pour cet effet par le juge de paix.

35. Dans tous les cas où les réglements accordent aux huissiers une indemnité pour frais de voyage, il ne sera alloué qu'un seul droit de transport pour la totalité des actes que l'huissier aura faits dans une même course et dans le même lieu.

Ce droit sera partagé en autant de portions égales entre elles qu'il y aura d'originaux d'actes ; et à chacun de ces actes, l'huissier appliquera l'une desdites portions : le tout à peine de rejet de la taxe, ou de restitution envers la partie, et d'une amende qui ne pourra excéder 100 fr. ni être moindre de 20 fr.

36. Tout huissier qui chargera un huissier d'une autre résidence d'instrumenter pour lui, à l'effet de se procurer un droit de transport qui ne lui aurait pas été alloué, s'il eût instrumenté lui-même, sera

puni d'une amende de 100 fr. L'huissier qui aura prêté sa signature sera puni de la même peine.

En cas de récidive, l'amende sera double, et l'huissier sera de plus destitué.

Dans tous les cas, le droit de transport indûment alloué ou perçu sera rejeté de la taxe, ou restitué à la partie.

§ III. — Prisées et ventes publiques de meubles et effets mobiliers.

37. Dans les lieux pour lesquels il n'est point établi de commissaires-priseurs exclusivement chargés de faire les prisées et ventes publiques de meubles et effets mobiliers, les huissiers, tant audienciers qu'ordinaires, continueront de procéder, concurremment avec les notaires et les greffiers, auxdites prisées et ventes publiques, en se conformant aux lois et réglements qui y sont relatifs.

38. Les huissiers ne pourront, ni directement, ni indirectement, se rendre adjudicataires des objets mobiliers qu'ils seront chargés de vendre.

Toute contravention à cette disposition sera punie de la suspension de l'huissier pendant trois mois, et d'une amende de cent francs pour chaque article par lui acheté, sans préjudice de plus fortes peines dans les cas prévus par le Code pénal.

La récidive, dans quelque cas que ce soit, entraînera toujours la destitution.

CHAPITRE II. — *Devoirs des huissiers.*

39. Les huissiers seront tenus de se renfermer dans les bornes de leur ministère, sous les peines

portées par l'art. 132 du Code de procédure civile.

40. L'exercice du ministère d'huissier est incompatible avec toute autre fonction publique et salariée.

41. Il est défendu aux huissiers, sous peine d'être remplacés, de tenir auberge, cabaret, café, tabagie ou billard, même sous le nom de leurs femmes, à moins qu'ils n'y soient spécialement autorisés.

42. Les huissiers sont tenus d'exercer leur ministère toutes les fois qu'ils en sont requis, et sans acception de personnes, sauf les prohibitions pour cause de parenté ou d'alliance, portées par les art. 4 et 66 du Code de procédure civile.

L'art. 85 de notre décret du 18 juin 1811 sera exécuté à l'égard de tout huissier qui, sans cause valable, refuserait d'instrumenter à la requête d'un particulier.

43. Les copies à signer par les huissiers seront correctes et lisibles, à peine de rejet de la taxe ou de restitution des sommes reçues.

Les papiers employés à ces copies ne pourront contenir, savoir : plus de quarante lignes par page de moyen papier, et plus de cinquante lignes par page de grand papier, à peine d'une amende de vingt-cinq francs, conformément à l'art. 26 de la loi sur le timbre, du 13 brumaire an VII.

Si la copie d'un arrêt ou d'un jugement en dernier ressort n'est point conforme à ce qui est prescrit par le présent article, l'huissier qui l'aura signée sera de plus condamné à une amende de vingt-cinq francs, sur la seule provocation du ministère public, et par la Cour ou le Tribunal devant lequel cette copie aura été produite.

Nos procureurs généraux et impériaux sont chargés spécialement de veiller à l'exécution du présent article.

44. Si l'huissier contrevenant à l'une des dispositions du précédent article est convaincu de récidive, le ministère public pourra provoquer sa suspension, ou même son remplacement, s'il y a lieu.

45. Tout huissier qui ne remettra pas lui-même, à personne ou à domicile, l'exploit et les copies de pièces qu'il aura été chargé de signifier, sera condamné par voie de police correctionnelle à une suspension de trois mois, à une amende qui ne pourra être moindre de deux cents francs, ni excéder deux mille francs, et aux dommages et intérêts des parties.

Si, néanmoins, il résulte de l'instruction qu'il a agi frauduleusement, il sera poursuivi criminellement, et puni d'après l'art. 146 du Code pénal.

46. Les répertoires que les huissiers sont obligés de tenir conformément à la loi du 22 frimaire an VII, relative à l'enregistrement, seront cotés et paraphés, savoir :

Ceux des huissiers–audienciers, par le président de la Cour ou du Tribunal, ou par le juge qu'il aura commis à cet effet;

Ceux des huissiers ordinaires, résidant dans les villes où siégent les Tribunaux de première instance, par le président du Tribunal ou par le juge qu'il aura commis à cet effet;

Ceux des autres huissiers, par le juge de paix du canton de leur résidence.

47. Outre les mentions qui, aux termes de l'art. 50

de la même loi, doivent être faites dans lesdits répertoires, les huissiers y marqueront, dans une colonne particulière, le coût de chaque acte ou exploit, déduction faite de leurs déboursés.

48. Pour faciliter la taxe des frais, les huissiers, outre la mention qu'ils doivent faire, au bas de l'original et de la copie de chaque acte, du montant de leurs droits, seront tenus d'indiquer en marge de l'original le nombre de rôles des copies de pièces, et d'y marquer de même le détail de tous les articles de frais formant le coût de l'acte.

TITRE III.

DE LA RÉUNION DES HUISSIERS EN COMMUNAUTÉ D'ARRONDISSE-MENT.

CHAPITRE Ier. — *Formation de la communauté.*

49. Il y aura communauté entre tous les huissiers sans exception, résidant et exploitant dans l'étendue du ressort du Tribunal civil d'arrondissement de leur résidence.

50. Le département de la Seine n'ayant qu'un Tribunal civil, tous les huissiers exerçant dans ce département, y compris ceux de notre Cour de cassation, seront réunis en communauté.

51. Il en sera de même du département de la Sésia, qui n'a également qu'un seul Tribunal civil. En conséquence, tous les huissiers exerçant dans ce département ne formeront aussi qu'une seule communauté.

52. Chaque communauté aura une chambre de discipline qui sera présidée par un syndic.

2

CHAPITRE II. — *Organisation de la chambre de discipline.*

53. Le nombre des membres de la chambre de discipline, y compris le syndic, est fixé, savoir :

A quinze, dans le département de la Seine;

A neuf, dans les autres arrondissements où il y aura plus de cinquante huissiers;

A sept, dans les arrondissements où le nombre des huissiers sera de trente à cinquante ;

A cinq, dans les arrondissements où il y aura moins de trente huissiers.

54. Dans chaque chambre, il y aura, outre le syndic, un rapporteur, un trésorier, et un secrétaire.

55. Le syndic et les deux autres membres de la chambre seront nécessairement pris parmi les huissiers en résidence au chef-lieu d'arrondissement.

Dans les arrondissements où siégent les Cours impériales, il y aura toujours à la chambre de discipline, indépendamment du syndic, au moins trois huissiers du chef-lieu.

Dans le département de la Seine, les deux tiers au moins des membres de la chambre, y compris le syndic, seront pris parmi les huissiers de Paris.

56. Le syndic sera nommé tous les ans, savoir : dans les arrondissements où siégent nos Cours impériales, par le premier président, sur la présentation qui lui sera faite de trois membres par notre procureur général; et dans les autres arrondissements, par le président du Tribunal de première instance, sur la présentation qui sera également faite de trois mem-

bres par notre procureur impérial. Le syndic sera indéfiniment rééligible.

57. Si pour la nomination du syndic il y a partage, il en sera référé à la chambre à laquelle le premier président ou le président est spécialement attaché, et au Tribunal même, si le Tribunal n'est pas divisé en plusieurs chambres.

58. La première nomination des autres membres de la chambre de discipline sera faite de la même manière que celle du syndic.

59. Après cette première nomination, les membres de la chambre de discipline, autres que le syndic, seront élus par l'assemblée générale des huissiers, qui se réuniront pour cet effet au chef-lieu de l'arrondissement, sur la convocation et sous la présidence du syndic.

60. L'élection des membres de la chambre de discipline se fera au scrutin secret.

Un scrutin particulier aura lieu pour la nomination du trésorier, qui sera toujours pris parmi les huissiers du chef-lieu.

Les autres membres de la chambre seront nommés, sans désignation de fonctions, par bulletin de liste contenant un nombre de noms qui ne pourra excéder celui des membres à nommer.

Toutes ces nominations seront faites à la majorité absolue.

61. Lorsqu'il y aura cent votants et au-dessus, l'assemblée se divisera par bureaux qui ne pourront être composés de moins de trente ni plus de cinquante votants.

Ces bureaux seront présidés, le premier par le syndic, et chacun des autres par le plus âgé des huissiers présents ; les deux plus âgés après lui feront les fonctions de scrutateurs, et le plus jeune celles de secrétaire.

62. La chambre de discipline sera renouvelée tous les ans par tiers, ou, si le nombre n'est pas susceptible de cette division, par portions des plus approchantes du tiers, en faisant alterner, chaque année, les portions inférieures et supérieures au tiers, à commencer par les inférieures, de manière que, dans tous les cas, aucun membre ne puisse rester en fonctions plus de trois années consécutives.

63. Le sort indiquera ceux des membres qui devront sortir la première et la seconde année ; ensuite le renouvellement s'opérera par ordre d'ancienneté de nomination.

Les membres sortants ne seront rééligibles qu'après un an d'intervalle, à l'exception toutefois du trésorier, qui sera toujours rééligible.

64. Lorsque le nombre total des huissiers formant la communauté ne sera pas suffisant pour le renouvellement de la chambre, tel qu'il est prescrit ci-dessus, ce renouvellement n'aura lieu que jusqu'à concurrence du nombre existant.

65. Les membres de la chambre de discipline nommeront entre eux, au scrutin secret, à la majorité absolue, un rapporteur et un secrétaire.

Cette nomination sera renouvelée tous les ans, et les mêmes pourront être réélus.

66. En cas de partage des voix pour ladite nomi-

nation, le scrutin sera recommencé ; et si le résultat est le même, le plus âgé des deux membres qui seront l'objet de ce partage sera nommé de droit, à moins qu'il n'ait rempli, pendant les deux années précédentes, la fonction à laquelle il s'agira de nommer : auquel cas, la nomination de droit sera pour son concurrent.

67. La nomination des membres de la chambre de discipline aura lieu chaque année dans la première quinzaine d'octobre, et sera immédiatement suivie de la nomination du rapporteur et du secrétaire.

68. La chambre et les officiers entreront en exercice le 1er novembre.

69. La chambre tiendra ses séances au chef-lieu de l'arrondissement ; elle s'assemblera au moins une fois par mois.

Le syndic la convoquera extraordinairement quand il le jugera convenable, ou sur la demande motivée de deux autres membres.

Il sera tenu de la convoquer toutes les fois qu'il en recevra l'ordre du président du Tribunal de première instance, ou de notre procureur près ce Tribunal.

CHAPITRE III. — *Attributions de la chambre de discipline et de ses officiers.*

70. La chambre de discipline est chargée :

1° De veiller au maintien de l'ordre et de la discipline parmi tous les huissiers de l'arrondissement, et à l'exécution des lois et réglements qui concernent les huissiers ;

2° De prévenir ou concilier tous différends qui

penvent s'élever entre huissiers relativement à leurs droits, fonctions et devoirs, et, en cas de non-conciliation, de donner son avis comme tiers sur ces différends;

3° De s'expliquer également, par forme d'avis, sur les plaintes ou réclamations de tiers contre des huissiers, à raison de leurs fonctions, et sur les réparations civiles qui pourraient résulter de ces plaintes ou réclamations;

4° De donner son avis, comme tiers, sur les difficultés qui peuvent s'élever au sujet de la taxe de tous frais et dépens réclamés par des huissiers.

Lorsque la chambre ne sera point assemblée, cet avis pourra être donné par un de ses membres, à moins que l'objet de la contestation ne soit d'une importance majeure; auquel cas, la chambre s'expliquera elle-même à la prochaine séance, ou, si le cas est urgent, dans une séance extraordinaire;

5° D'appliquer elle-même les peines de discipline établies par l'article suivant, et de dénoncer au procureur impérial les faits qui donneraient lieu à des peines de discipline excédant la compétence de la chambre, ou à d'autres peines plus graves;

6° De délivrer, s'il y a lieu, tous certificats de moralité, de bonne conduite et de capacité à ceux qui se présenteront pour être nommés huissiers;

7° De s'expliquer également sur la conduite et la moralité des huissiers en exercice, toutes les fois qu'elle en sera requise par les Cours et Tribunaux, ou par les officiers du ministère public;

8° Enfin de représenter tous les huissiers sous le

rapport de leurs droits et intérêts communs, et, en conséquence, d'administrer la bourse commune dont il sera parlé au chapitre V ci après.

71. Les peines de discipline que la chambre peut infliger elle-même, sont :

1° Le rappel à l'ordre ;

2° La censure simple par la décision même ;

3° La censure avec réprimande par le syndic à l'huissier en personne, dans la chambre assemblée ;

4° L'interdiction de l'entrée de la chambre pendant six mois au plus.

72. L'application, par la chambre des huissiers, des peines de discipline spécifiées dans l'article précédent, ne préjudiciera point à l'action des parties intéressées, ni à celle du ministère public.

73. Toute condamnation des huissiers à l'amende, à la restitution et aux dommages-intérêts, pour des faits relatifs à leurs fonctions, sera prononcée par le Tribunal de première instance du lieu de leur résidence, sauf les cas prévus par le troisième paragraphe de l'art. 43, à la poursuite des parties intéressées, ou du syndic de la communauté, au nom de la chambre de discipline : elle pourra l'être aussi à la requête du ministère public.

74. La suspension des huissiers ne pourra être prononcée que par les Cours et Tribunaux auxquels ils seront respectivement attachés.

75. Il n'est dérogé, par le présent titre, à aucune des dispositions des art. 102, 103 et 104 de notre décret du 30 mars 1808.

76. Le syndic aura la police d'ordre dans la cham-

bre. Il proposera les sujets de délibération, recueillera les voix, et prononcera le résultat des délibérations ; il dirigera toutes actions et poursuites à exercer par la chambre, et agira pour elle et en son nom dans tous les cas, conformément à ce qu'elle aura délibéré.

Il aura seul le droit de correspondre, au nom de la chambre, avec le président et le ministère public, sauf, en cas d'empêchement, la délégation au rapporteur.

77. Le rapporteur déférera à la chambre, soit d'office, soit sur la provocation des parties intéressées ; ou de l'un des membres de la chambre, les faits qui pourront donner lieu à des mesures de discipline contre les membres de la communauté.

Il recueillera des renseignements sur ces faits, ainsi que sur toutes les affaires qui doivent être portées à la connaissance de la chambre, et lui en fera son rapport.

78. Le trésorier tiendra la bourse commune, conformément aux dispositions du chapitre V ci-après.

79. Le secrétaire rédigera les délibérations de la chambre. Il sera le gardien des archives, et délivrera les expéditions.

CHAPITRE IV. — *Forme de procéder dans la chambre de discipline.*

80. La chambre ne pourra faire l'application des peines de discipline spécifiées en l'art. 71, qu'après avoir entendu l'huissier inculpé, ou faute par lui d'avoir comparu dans le délai de la citation. Ce délai ne sera jamais moindre de cinq jours.

81. La citation sera donnée par une simple lettre indicative de l'objet, signée du rapporteur, et envoyée par le secrétaire, qui en prendra note sur un registre tenu à cet effet, coté et paraphé par le président du Tribunal de première instance.

82. La même forme aura lieu pour appeler toutes personnes, huissiers ou autres, qui voudront être entendues sur des réclamations ou plaintes par elles adressées à la chambre de discipline.

83. Lorsqu'il s'agira de contestations entre huissiers, les citations pourront être respectivement données dans la forme ordinaire, en déposant les originaux au secrétariat de la chambre.

84. Dans tous les cas, les parties pourront se présenter aux séances de la chambre volontairement et sans citation préalable.

85. La chambre ne pourra prononcer ni émettre son avis sur aucune affaire, qu'après avoir entendu le rapporteur.

86. Elle ne pourra délibérer valablement, si les membres votants ne forment au moins les deux tiers de ceux qui la composent.

87. Les délibérations seront prises à la majorité absolue des voix. Le syndic aura voix prépondérante en cas de partage.

88. Les délibérations seront inscrites sur un registre coté et paraphé par le syndic : elles seront signées par tous les membres qui y auront concouru.

Les expéditions seront signées par le syndic et le secrétaire.

89. Tous les actes de la chambre, soit en minute,

soit en expédition, à l'exception des certificats et autres pièces à délivrer aux candidats ou à des individus quelconques, dans leur intérêt personnel, seront exempts du timbre et de l'enregistrement.

90. La chambre sera tenue de représenter à nos procureurs généraux et impériaux, toutes les fois qu'ils en feront la demande, les registres de ses délibérations, et tous autres papiers déposés dans ses archives.

CHAPITRE V. — *De la bourse commune.*

91. Dans chaque communauté d'huissiers, il y aura une bourse commune, formée et administrée d'après les règles établies au présent chapitre.

92. Chaque huissier versera dans la bourse commune de son arrondissement les deux cinquièmes de tous ses émoluments.

Les huissiers suspendus ou destitués y verseront, dans la même proportion, les émoluments par eux perçus jusqu'à l'époque de leur suspension ou destitution.

93. Les huissiers-audienciers ne verseront point à la bourse commune les émoluments des appels de cause et de significations d'avoué à avoué, non plus que les émoluments des actes relatifs aux poursuites criminelles et correctionnelles, autres toutefois que les significations à parties et assignations à témoins.

94. Les huissiers-audienciers de tous nos Tribunaux de commerce, sans distinction de lieu, recevront trente centimes par chaque appel de cause, et ceux près les Tribunaux de paix, quinze centimes, laquelle rétribu-

tion sera également exceptée du versement à la bourse commune.

95. Le produit total des émoluments exceptés par les deux précédents articles sera partagé, par portions égales, entre les seuls huissiers-audienciers de la Cour ou du Tribunal où ils ont été perçus, et sans aucune distinction entre ces huissierss, de quelque manière que le service intérieur ait été distribué entre eux.

96. Les huissiers-audienciers qui reçoivent un traitement n'en verseront aucune portion dans la bourse commune. Au surplus, les art. 92, 93 et 95 leur seront applicables.

97. Les versements à la bourse commune dont il est parlé ci-dessus seront faits entre les mains du trésorier de la chambre de discipline, au moins cinq jours avant les époques du partage qui aura lieu en exécution des art. 103, 104, 105 et 106; et à l'appui de chacun desdits versements, l'huissier remettra au trésorier une copie littérale, sur papier libre, de son répertoire, à partir du jour de son dernier versement.

98. L'huissier contrevenant à une des obligations qui lui sont imposées par le précédent article, sera condamné à cent francs d'amende.

La contrainte par corps contre l'huissier aura lieu :

Pour le paiement de l'amende,

Pour la remise de la copie du répertoire,

Pour l'acquittement de la somme qu'il doit verser dans la bourse commune.

99. Le syndic pourra exiger la représentation de l'original du répertoire; et si la copie remise au tré-

sorier n'y est point conforme, l'huissier en fraude sera condamné, par corps, à cent francs d'amende, pour chaque article omis ou infidèlement transcrit.

100. Sera également versé à la bourse commune le quart des amendes prononcées contre les huissiers pour délits ou contraventions relatifs à l'exercice de leur ministère.

Ces amendes seront perçues en totalité par le receveur de l'enregistrement du chef-lieu de l'arrondissement, lequel tiendra compte tous les trois mois, à la communauté des huissiers, de la portion qui pourra lui revenir, aux termes du présent article.

101. La communauté fixera, chaque année, en assemblée générale, la somme à prélever sur la bourse commune, tant pour droit de recettes que pour frais de bureau et autres dépenses de la chambre.

L'arrêté portant cette fixation sera homologué par le Tribunal de première instance, sur les conclusions du ministère public.

102. L'assemblée générale pourra aussi autoriser la chambre de discipline à disposer sur ladite bourse d'une somme déterminée, pour subvenir aux besoins des huissiers retirés pour cause d'infirmités ou de vieillesse, et des veuves et orphelins d'huissiers.

L'arrêté qui sera pris à ce sujet sera homologué, ainsi qu'il est dit au précédent article. Dans l'un et l'autre cas, il ne sera dû que le droit simple d'enregistrement.

103. Les fonds de la bourse commune, déduction faite du montant des prélèvements qui auront été au-

torisés, conformément aux deux articles précédents, seront divisés, relativement au nombre d'huissiers composant la communauté, en autant de parts et portions qu'il sera nécessaire, pour que la distribution desdits fonds soit faite ainsi qu'il suit :

Chaque huissier-audiencier des Cours impériales aura *une part et demie*.

Chaque huissier-audiencier des Tribunaux de première instance aura *une part et un quart*.

Tous les autres huissiers-audienciers ou ordinaires auront chacun *une part*.

Néanmoins, dans les chefs-lieux de départements autres que celui où siége la Cour impériale, les huissiers-audienciers attachés à la Cour d'assises seront traités comme ceux de la Cour impériale, lorsqu'ils feront près ladite Cour d'assises un service continu, et non alternatif avec les huissiers-audienciers du Tribunal de première instance.

Sont compris parmi les huissiers-audienciers qui auront seulement une part, ceux qui reçoivent un traitement, à quelque Cour ou Tribunal qu'ils appartiennent.

104. Les huissiers destitués, démissionnaires ou décédés, ne seront compris dans le partage que pour les sommes versées à la bourse commune, ou qui auront dû y être versées avant l'époque de leur destitution, démission ou décès, et dans la proportion seulement du temps qui se sera écoulé jusqu'à cette époque, à partir du dernier partage.

105. Les huissiers suspendus de leurs fonctions ne participeront à aucune distribution de sommes ver-

sées à la bourse commune pendant la durée de leur suspension. A l'égard des sommes versées antérieurement, ils n'y auront part que dans la proportion du nombre de jours qui se seront écoulés depuis le dernier partage jusqu'à l'époque de leur suspension.

106. Le partage de la bourse commune aura lieu tous les trois mois. Il pourra être fait plus souvent si la chambre le juge convenable, et en avertissant huit jours à l'avance les membres de la communauté.

107. Aux époques fixées pour le partage, le trésorier présentera à la chambre le compte de ses recettes et dépenses depuis le dernier partage, avec le projet de la répartition à faire conformément aux art. 103, 104 et 105.

Le compte et l'état de répartition seront vérifiés, arrêtés et signés par chacun des membres présents, au plus tard dans la huitaine de la présentation.

108. Dès que la répartition aura été arrêtée par la chambre, les parts seront exigibles. Le trésorier sera tenu de les délivrer à ceux qui y auront droit et sur leur demande. Il s'en fera donner décharge sans frais.

109. Dans le mois qui suivra la répartition faite par la chambre, tout huissier de l'arrondissement pourra prendre communication, sans déplacer, du compte et des pièces à l'appui, ainsi que de l'état de répartition, et y faire ses observations, sur lesquelles la chambre sera tenue de prononcer dans la huitaine.

Si l'huissier réclamant refuse d'acquiescer à la décision de la chambre, il en sera référé au Tribunal de première instance, qui prononcera après avoir entendu le procureur impérial.

110. Le trésorier rendra aussi, chaque année, dans la première quinzaine d'octobre, le compte général de ses recettes et dépenses pendant l'année révolue.

Ce compte sera vérifié, arrêté et signé par chacun des membres de la chambre. Il pourra être débattu de la même manière que les comptes particuliers. Le délai pour prendre communication sera de deux mois, à partir du jour où la chambre aura définitivement arrêté le compte.

111. Le trésorier qui sera en retard ou qui refusera, soit de rendre ses comptes, soit de remettre les sommes par lui dues à la communauté ou à l'un de ses membres, pourra être poursuivi par les parties intéressées, par toutes les voies ordinaires de droit, et même par celle de la contrainte par corps, comme rétentionnaire de deniers.

112. Le trésorier tiendra un registre coté et paraphé par le président du Tribunal de première instance, et dans lequel il inscrira, jour par jour, ses recettes et dépenses. La chambre pourra se faire représenter ce registre aussi souvent qu'elle le jugera convenable, et l'arrêter par une délibération qui y sera transcrite en double minute. Elle l'arrêtera nécessairement tous les ans, lors de la vérification du compte général du trésorier.

113. Le trésorier sera tenu, si l'assemblée générale l'exige, de fournir une caution solvable pour le

montant présumé de ses recettes pendant quatre mois.

114. Notre grand-juge, ministre de la justice, est chargé de l'exécution du présent décret, qui sera inséré au Bulletin des lois.

Bourse commune des Huissiers.

Ordonnance du Roi, du 26 juin 1822, portant modification au décret du 14 juin 1813.

Voulant que la bourse commune des huissiers, établie par le réglement du 14 juin 1813, soit maintenue avec les modifications que l'expérience a fait juger nécessaires ;

Sur le rapport de notre garde-des-sceaux, ministre secrétaire d'état au département de la justice,

Notre Conseil d'Etat entendu,

Nous avons ordonné et ordonnons ce qui suit :

Art. 1er. La bourse commune des huissiers sera exclusivement destinée à subvenir aux dépenses de la communauté, et à distribuer, lorsqu'il y aura lieu, des secours, tant aux huissiers en exercice qui seraient indigents, âgés et hors d'état de travailler, qu'aux huissiers retirés pour cause d'infirmités et de vieillesse, mais non destitués, et aux veuves et orphelins d'huissiers.

Art. 2. Chaque huissier versera dans la bourse commune une portion qui ne pourra être au-dessous d'un vingtième, ni excéder le dixième des émoluments attribués pour les originaux seulement de tous exploits et procès-verbaux portés à son répertoire, et faits, soit à la requête des parties, soit à la réquisition ou sur la demande du ministère public, tant en matière civile qu'en matière criminelle, correctionnelle et de simple police.

Art. 3. Les actes non susceptibles d'être inscrits sur le répertoire ne seront pas sujets au versement.

Art. 4. A l'égard des actes pour lesquels le tarif n'alloue qu'un seul droit dans lequel sont confondues les vacations et diligences, la contribution ne s'exercera que sur la somme allouée pour l'original seulement.

Art. 5. Les huissiers suspendus ou destitués verseront dans les proportions ci-dessus les émoluments par eux perçus jusqu'à l'époque de la cessation effective de leurs fonctions.

Art. 6. Les huissiers-audienciers qui reçoivent un traitement n'en verseront aucune portion à la bourse commune ; au surplus, les articles ci-dessus leur seront applicables.

Art. 7. Les versements à la bourse commune seront faits par trimestre entre les mains du trésorier de la chambre de discipline, dans les quinze jours qui suivront le trimestre expiré, sans distinction des actes dont l'huissier aura été payé, d'avec ceux dont le coût lui serait encore dû.

Art. 8. A l'appui de chacun de ses versements, l'huissier, après que son répertoire aura été visé par le receveur de l'enregistrement, en remettra au trésorier de la chambre un extrait sur papier libre, lequel sera par lui certifié véritable, et contiendra seulement, en quatre colonnes, le numéro d'ordre, la date des actes, leur nature et le coût de l'original.

Art. 9. Pendant le cours de chaque année, les quatre cinquièmes des fonds versés à la bourse commune pourront être employés par la chambre aux besoins de la communauté et aux secours à accorder.

Le dernier cinquième, ensemble ce qui n'aurait pas été employé sur les quatre autres, formera un fonds de réserve, lequel, dès qu'il sera suffisant, sera placé en rentes sur l'Etat ; les intérêts de ce fonds seront successivement cumulés avec le capital, jusqu'à ce que l'intérêt annuel de la réserve suffise à la destination déterminée par l'art. 1er.

Art. 10. Les secours seront accordés nominativement chaque année par une délibération de la chambre, qui sera soumise à l'homologation du Tribunal, sur les conclusions du ministère public.

Art. 11. Dans le mois qui suivra la publication de la présente ordonnance, chaque communauté d'huissiers fixera en assemblée générale la quotité des émoluments qui, *pour l'exécution de l'art. 2 ci-dessus*, devra être versée en bourse commune : cette délibération sera homologuée ainsi qu'il est dit au précédent article.

Les augmentations et diminutions dont la portion contributive pourrait par la suite être jugée susceptible, seront réglées suivant le même mode.

Art. 12. Toutes les dispositions du réglement du 14 juin 1813, auxquelles il n'est pas dérogé par la présente ordonnance, continueront d'être exécutées.

Refus d'exploiter.

Loi du 18 *juin* 1811.

Art. 85. Tout huissier qui refusera d'instrumenter dans une procédure suivie à la requête du ministère public, ou de faire le service auquel il est tenu près la Cour ou le Tribunal, et qui, après injonction à lui faite par l'officier compétent, persistera dans son refus, sera destitué, sans préjudice de tous dommages-intérêts et des autres peines qu'il aura encourues.

Préalable des citations devant MM. les juges de paix.

Loi du 25 *mai* 1838.

Art. 17. Dans toutes les causes, excepté celles où il y aurait péril en la demeure, et celles dans lesquelles le défendeur serait domicilié hors du canton ou des cantons de la même ville, le juge de paix pourra interdire aux huissiers de sa résidence de donner aucune citation en justice, sans qu'au préalable il n'ait appelé, sans frais, les parties devant lui.

Art. 19. En cas d'infraction à la présente disposition, le juge de paix pourra défendre aux huissiers du canton de citer devant lui, pendant un délai de quinze jours à trois mois, sans appel et sans préjudice de l'action disciplinaire des Tribunaux et des dommages-intérêts des parties, s'il y a lieu.

Composition de la Chambre de discipline des Huissiers.

Ordonnance du Roi, du 6 octobre 1832.

LOUIS-PHILIPPE, etc....... Notre Conseil-d'Etat entendu, nous avons ordonné et ordonnons :

Art. 1er. Lorsque le nombre des huissiers exerçant dans le ressort d'un Tribunal d'arrondissement sera de vingt et au-dessus, les membres des chambres de discipline ne pourront être élus que parmi les huissiers les plus anciens en exercice, formant la moitié du nombre total.

Lorsque le nombre sera au-dessous de vingt, tout huissier sera éligible à la chambre de discipline.

Art. 2. L'ordonnance du 26 août 1829, relative à la composition de la chambre de discipline des huissiers près le Tribunal de première instance de la Seine, est rapportée.

Réglement relatif aux Huissiers-audienciers auprès des Cours et Tribunaux.

Décret du 30 *mars* 1808.

Art. 94. Nos Tribunaux de première instance désigneront, pour le service intérieur, ceux de leurs huissiers qu'ils jugeront les plus dignes de leur confiance.

Art. 95. Les huissiers-audienciers de nos Cours et

de nos Tribunaux de première instance feront tour-
à-tour le service intérieur, tant aux audiences qu'aux
assemblées générales ou particulières, aux enquêtes
et autres commissions.

Art. 96. Les huissiers qui seront de service se ren-
dront au lieu des séances une heure avant l'ouver-
ture de l'audience ; ils prendront au greffe l'extrait
des causes qu'ils doivent appeler. Ils veilleront à ce
que personne ne s'introduise à la chambre du conseil
sans s'être fait annoncer, à l'exception des membres
de la Cour ou du Tribunal. Ils maintiendront, sous
les ordres des présidents, la police des audiences.

Art. 97. Les huissiers-audienciers auront près la
Cour ou le Tribunal une chambre où un banc où se
déposeront les actes et pièces qui se notifieront d'a-
voué à avoué.

Art. 98. Les émoluments des appels de cause et
des significations d'avoué à avoué se partageront
également entre eux.

Art. 99. Les huissiers désignés par le premier président de la Cour ou par le président du Tribunal de
première instance, assisteront aux cérémonies publiques, et marcheront en avant des membres de la Cour
ou du Tribunal.

Saisies-arrêts dans les mains des compta-bles publics.

Décret du 18 août 1807.

Art. 1er. Indépendamment des formalités communes à tous les exploits, tout exploit de saisie-arrêt ou opposition entre les mains des receveurs dépositaires ou administrateurs de caisses ou de deniers publics, en cette qualité, exprimera clairement les noms et qualités de la partie saisie; il contiendra, en outre, la désignation de l'objet saisi.

Art. 2. L'exploit énoncera pareillement la somme pour laquelle la saisie-arrêt ou opposition est faite; et il sera fourni, avec copie de l'exploit, auxdits receveurs, caissiers ou administrateurs, copie ou extrait en forme du titre du saisissant.

Art. 3. A défaut par le saisissant de remplir les formalités prescrites par les art. 1 et 2 ci-dessus, la saisie-arrêt ou opposition sera regardée comme non avenue.

Art. 4. La saisie-arrêt ou opposition n'aura d'effet que jusqu'à concurrence de la somme portée en l'exploit.

Art. 5. La saisie-arrêt ou opposition formée entre les mains des receveurs, dépositaires ou administrateurs de caisses ou de deniers publics, en cette qualité, ne sera point valable, si l'exploit n'est fait à la personne préposée pour le recevoir, et s'il n'est visé par elle sur l'original, ou, en cas de refus, par le procureur impérial près le Tribunal de première instance de leur résidence, lequel en donnera de suite avis aux chefs des administrations respectives.

Portion saisissable sur le traitement des fonctionnaires publics et employés civils.

Loi du 21 *ventôse an IX* (12 *mars* 1801).

Les traitements des fonctionnaires publics et employés civils seront saisissables jusqu'à concurrence du cinquième sur les premiers mille francs et toutes les sommes au-dessous, du quart sur les cinq mille francs suivants, et du tiers sur la portion excédant six mille francs, à quelque somme qu'elle s'élève ; et ce, jusqu'à l'entier acquittement des créances.

Loi du 9 *juillet* 1836.

Art. 13. Toutes saisies-arrêts ou oppositions sur des sommes dues par l'Etat, toutes significations de cession ou transport desdites sommes, et toutes autres ayant pour objet d'en arrêter le paiement, devront être faites entre les mains des payeurs, agents ou préposés sur la caisse desquels les ordonnances ou mandats seront délivrés.

Néanmoins, à Paris, et pour les paiements à effectuer à la caisse du payeur central, au Trésor public, elles devront être exclusivement faites entre les mains du conservateur des oppositions, au ministère des finances. Toutes dispositions contraires sont abrogées.

Seront considérées comme nulles et non avenues toutes oppositions ou significations faites à toutes autres personnes que celles ci-dessus indiquées.

Il n'est pas dérogé aux lois relatives aux oppositions à faire sur les capitaux et intérêts des cautionnements.

Art. 14. Lesdites saisies-arrêts, oppositions et significations n'auront d'effet que pendant cinq années à compter de leur date, si elles n'ont pas été renouvelées dans ledit délai, quels que soient d'ailleurs les actes, traités ou jugements intervenus sur lesdites oppositions et significations.

En conséquence, elles seront rayées d'office des registres dans lesquels elles auraient été inscrites, et ne seront pas comprises dans les certificats prescrits par l'art. 14 de la loi du 19 février 1792, et par les art. 7 et 8 du décret du 28 août 1807.

Ces articles concernent les obligations des comptables vis-à-vis des saisissants.

Oppositions sur les cautionnements.

Le Conseil-d'Etat, du 12 août 1807, est d'avis que les oppositions formées à la caisse d'amortissement affectent le capital et les intérêts échus et à échoir, à moins que mention expresse ne soit faite pour les restreindre au capital seulement ; que les oppositions faites au greffe des Tribunaux ne peuvent valoir que pour les capitaux, tant qu'elles n'ont pas été notifiées à la caisse d'amortissement.

Copies signifiées par les Huissiers.

Décret du 29 août 1813.

Art. 1er. Les copies d'actes, de jugements, d'arrêts, et de toutes autres pièces, qui seront faites par les huissiers, doivent être correctes et lisibles, à peine de rejet de la taxe, ainsi qu'il a déjà été ordonné par l'art. 28 du décret du 16 février 1807, pour les copies de pièces faites par les avoués.

Les papiers employés à ces copies ne pourront contenir plus de trente-cinq lignes par page de petit papier, plus de quarante-cinq lignes par page de moyen papier, de cinquante lignes par page de grand papier, à peine de l'amende de 25 francs prononcée pour les expéditions par l'art. 26 de la loi du 13 brumaire an VII.

L'huissier qui aura signifié une copie de citation ou d'exploit de jugement ou d'arrêt qui serait illisible, sera condamné à l'amende de 25 francs, sur la seule provocation du ministère public, ou par la Cour ou le Tribunal devant lequel cette copie aura été produite. Si la copie a été faite et signée par un avoué, l'huissier qui l'aura signifiée sera également condamné à l'amende, sauf son recours contre l'avoué, ainsi qu'il avisera.

Ventes mobilières.

Loi du 22 pluviôse an VII (10 *février* 1799.)

Art. 2. Aucun officier public ne pourra procéder à une vente publique et par enchères d'objets mobiliers, qu'il n'en ait préalablement fait la déclaration au bureau de l'enregistrement dans l'arrondissement duquel la vente aura lieu.

Art. 5. Les officiers publics transcriront, en tête de

leurs procès–verbaux de vente, les copies de leurs déclarations ; chaque objet adjugé sera porté de suite au
procès–verbal ; le prix y sera écrit en toutes lettres
et tiré hors ligne, en chiffres. Chaque séance sera
close et signée par l'officier public et deux témoins
domiciliés.

Lorsqu'une vente aura lieu par suite d'inventaire,
il en sera fait mention au procès–verbal, avec indication de la date de l'inventaire, du nom du notaire
qui y aura procédé, et de la quittance de l'enregistrement.

Art. 6. Les procès–verbaux de vente ne pourront
être enregistrés qu'aux bureaux où les déclarations
auront été faites. Le droit d'enregistrement sera perçu
sur le montant des sommes que contiendra cumulati-
vement le procès–verbal des séances à enregistrer
dans le délai prescrit par la loi sur l'enregistrement.

Art. 7. Les contraventions aux dispositions ci-dessus seront punies par les amendes ci–après; savoir :
de cent francs contre tout officier public qui aurait
procédé à une vente sans en avoir fait la déclaration ;
de vingt-cinq francs pour défaut de transcription, en
tête du procès–verbal, de la déclaration faite au bureau de l'enregistrement ; de cent francs pour chaque
article adjugé et non porté au procès–verbal de vente,
outre la restitution du droit ; de cent francs pour chaque altération de prix des articles adjugés, faite dans
le procès–verbal, indépendamment de la restitution
du droit et des peines de faux ; et de quinze francs
pour chaque article dont le prix ne serait pas écrit
en toutes lettres dans le procès–verbal.

Ventes aux enchères de Marchandises neuves.

Loi du 25 juin 1841.

Art. 1er. Sont interdites les ventes en détail des marchandises neuves, à cri public, soit aux enchères, soit au rabais, soit à prix fixe proclamé avec ou sans l'assistance des officiers ministériels.

2. Ne sont pas comprises dans cette défense les ventes prescrites par la loi, ou faites par autorité de justice, non plus que les ventes après décès, faillite ou cessation de commerce, ou dans tous les autres cas de nécessité dont l'appréciation sera soumise au Tribunal de commerce.

Sont également exceptées les ventes à cri public de comestibles et objets de peu de valeur, connus dans le commerce sous le nom de menue mercerie.

3. Les ventes publiques et en détail de marchandises neuves qui auront lieu après décès ou par autorité de justice, seront faites selon les formes prescrites et par les officiers ministériels préposés pour la vente forcée du mobilier, conformément aux articles 625 et 945 du Code de procédure civile.

4. Les ventes de marchandises après faillite seront faites, conformément à l'art. 486 du Code de commerce, par un officier public de la classe que le juge commissaire aura déterminée.

Quant au mobilier du failli, il ne pourra être vendu aux enchères que par le ministère des commissaires-priseurs, notaires, huissiers ou greffiers de justice de paix, conformément aux lois et réglements qui déterminent les attributions de ces différents officiers.

5. Les ventes publiques et par enchères après cessation de commerce, ou dans les autres cas de nécessité prévus par l'art. 2 de la présente loi, ne pourront avoir lieu qu'autant qu'elles auront été préalablement autorisées par le Tribunal de commerce, sur la requête du commerçant propriétaire, à laquelle sera joint un état détaillé des marchandises.

Le Tribunal constatera, par son jugement, le fait qui donne lieu à la vente; il indiquera le lieu de son arrondissement où se fera la vente; il pourra même ordonner que les adjudications n'auront lieu que par lots dont il fixera l'importance.

Il décidera, d'après les lois et réglements d'attribution, qui, des courtiers ou des commissaires-priseurs et autres officiers publics, sera chargé de la réception des enchères.

L'autorisation ne pourra être accordée pour cause de nécessité qu'au marchand sédentaire, ayant depuis un an au moins son domicile réel dans l'arrondissement où la vente doit être opérée.

Des affiches apposées à la porte du lieu où se fera la vente énonceront le jugement qui l'aura autorisée.

6. Les ventes publiques aux enchères de marchandises en gros continueront à être faites par le ministère des courtiers, dans les cas, aux conditions et selon les formes indiquées par les décrets des 22 novembre 1811, 17 avril 1812, la loi du 15 mai 1818, et les ordonnances des 1er juillet 1818 et 9 avril 1819.

7. Toute contravention aux dispositions ci-dessus

sera punie de la confiscation des marchandises mises en vente, et, en outre, d'une amende de cinquante à trois mille francs, qui sera prononcée solidairement, tant contre le vendeur que contre l'officier public qui l'aura assisté, sans préjudice des dommages-intérêts, s'il y a lieu.

Ces condamnations seront prononcées par les Tribunaux correctionnels.

8. Seront passibles des mêmes peines les vendeurs ou officiers publics qui comprendraient sciemment dans les ventes faites par autorité de justice, sur saisie, après décès, faillite, cessation de commerce, ou dans les autres cas de nécessité prévues par l'art. 2 de la présente loi, des marchandises neuves ne faisant pas partie du fonds ou mobilier mis en vente.

9. Dans tous les cas ci-dessus où les ventes publiques seront faites par le ministère des courtiers, ils se conformeront aux lois qui les régissent, tant pour les formes de la vente que pour les droits de courtage.

10. Dans les lieux où il n'y aura point de courtiers de commerce, les commissaires-priseurs, les notaires, huissiers et greffiers de justice de paix feront les ventes ci-dessus, selon les droits qui leur sont respectivement attribués par les lois et réglements.

Ils seront, pour lesdites ventes, soumis aux formes, conditions et tarifs imposés aux courtiers.

Décharges et Quittances des ventes.

Le Conseil d'Etat, du 21 octobre 1809, est d'avis :

1° Que les quittances et décharges du prix des ventes mobilières faites par les huissiers, etc., peuvent être mises à la suite ou en marge des procès-verbaux des ventes ;

2° Que, dans ce cas, les quittances et décharges doivent être rédigées en forme authentique, c'est-à-dire que l'officier public attestera que la partie est comparue devant lui pour régler le reliquat de la vente, dont elle lui donnera décharge ; et que cet acte sera signé tant par l'officier que par la partie, et, si la partie ne sait pas signer, par un second officier de la même qualité, ou par deux témoins ;

3° Que les quittances et décharges ainsi rédigées doivent être enregistrées dans les délais fixés par l'art. 20 de la loi du 22 frimaire an 7, dans les quatre jours, et qu'il n'est dû que le droit fixe d'un franc conformément aux numéros 22 et 27 de l'art. 68 de la même loi.

Indication des jours fériés,

Durant lesquels aucun exploit ne peut être fait, sauf l'exception portée par l'art. 63 du Code de procédure civile, indépendamment des dimanches.

Loi des 9 avril 1802 et 20 mars 1810.

Le 1er janvier, le jour de Pâques, de l'Ascension, de la Pentecôte, de l'Assomption, de la Toussaint et de la Noël.

Incompatibilité entre les fonctions d'Huissier et celles de défenseur officieux.

Loi du 25 mai 1838.

Art. 18. Dans les causes portées devant la justice de paix, aucun huissier ne pourra, ni assister comme conseil, ni représenter les parties en qualité de procureur fondé, à peine d'une amende de vingt-cinq à cinquante francs, qui sera prononcée sans appel par le juge de paix. Ces dispositions ne seront pas applicables aux huissiers qui se trouveront dans l'un des cas prévus par l'art. 86 du Code de procédure civile.

Art. 86 du Code de procédure civile.

Les parties ne pourront charger de leur défense, soit verbale, soit par écrit, même à titre de consultation, les juges en activité de service, procureurs généraux, procureurs impériaux, leurs substituts, même dans les Tribunaux autres que ceux près desquels ils exercent leurs fonctions. Pourront néanmoins, les juges, procureurs généraux ou impériaux et leurs substituts, plaider dans tous les Tribunaux leurs causes personnelles et celles de leurs femmes, parents ou alliés en ligne directe, et de leurs pupilles.

Loi du 3 mars 1840.

Art. 4. Dans les causes portées devant les Tribunaux de commerce, aucun huissier ne pourra, ni assister comme conseil, ni représenter les parties en qualité de procureur fondé, à peine d'une amende de vingt-cinq à cinquante francs, qui sera prononcée, sans appel, par le Tribunal, sans préjudice des peines disciplinaires contre les huissiers contrevenants.

Cette disposition n'est pas applicable aux huissiers qui se trouveront dans l'un des cas prévus par l'art. 86 du Code de procédure civile.

Tenue des Répertoires.

Loi du 22 frimaire an VII (12 décembre 1798).

Art. 49. Les huissiers tiendront des répertoires à colonnes sur lesquels ils inscriront, jour par jour, sans blanc ni interlignes, et par ordre de numéros, tous les actes et exploits de leur ministère, sous peine d'une amende de cinq francs pour chaque omission.

Art. 50. Chaque article du répertoire contiendra, 1° son numéro, 2° la date de l'acte, 3° sa nature, 4° les noms et prénoms des parties, et leur domicile.

Art. 51. Les huissiers présenteront, tous les trois mois, leurs répertoires aux receveurs de l'enregistrement de leur résidence, qui les viseront, et qui énonceront dans leur visa le nombre des actes inscrits. Cette présentation aura lieu, chaque année, dans les dix jours de chacun des mois de janvier, avril, juillet et octobre, à peine d'une amende de dix francs pour chaque dix jours de retard.

Art. 52. Indépendamment de la présentation ordonnée par l'article précédent, les huissiers seront tenus de communiquer leurs répertoires, à toute réquisition, aux préposés de l'enregistrement qui se présenteront chez eux pour les vérifier, à peine d'une amende de cinquante francs en cas de refus. Le préposé, dans ce cas, requerra l'assistance d'un officier municipal ou de l'adjoint de la commune du lieu, pour dresser en sa présence procès-verbal du refus qui lui aura été fait.

Art. 176 *du Code de commerce.*

Les notaires et les huissiers sont tenus, à peine de destitution, dépens, dommages-intérêts envers les parties, de laisser copie exacte des protêts, et de les inscrire en entier, jour par jour, et par ordre de dates, dans un registre particulier, coté, paraphé et tenu dans les formes prescrites pour les répertoires.

Permission d'exploiter hors du canton en matière criminelle.

Loi du 5 pluviôse an XIII (31 *janvier* 1805).

Art. 1er. Les citations, notifications, et généralement toutes significations à la requête de la partie publique, en matière criminelle ou de police correctionnelle, seront faites par les huissiers-audienciers des Tribunaux établis dans les lieux où elles seront données, ou par les huissiers des Tribunaux de paix. En conséquence, il ne sera jamais alloué de frais de transport aux huissiers, à moins toutefois qu'ils n'aient été chargés, par un mandement exprès du procureur général ou du procureur du roi, de porter hors du lieu de leur résidence lesdites citations ou significations.

Loi du 18 *juin* 1811.

Art. 84. Nos procureurs généraux et les juges d'instruction ne pourront user, si ce n'est pour causes graves, de la faculté qui leur est accordée par la loi du 5 pluviôse an XIII (*dont l'article précède*), de charger un autre huissier d'instrumenter hors du canton de sa résidence; ils seront tenus d'énoncer ces causes dans leur mandement, lequel contiendra, en outre, le nom de l'huissier, la désignation du nombre et de la nature des actes, et l'indication du lieu où ils devront être mis à exécution. Le mandement sera toujours joint au mémoire de l'huissier.

Défense de recevoir de plus forts droits que ceux fixés par les tarifs.

Loi du 18 *juin* 1811.

Art. 64. Il est défendu très expressément aux greffiers et à leurs commis d'exiger d'autres ou de plus forts droits que ceux qui leur sont attribués par les tarifs, soit à titre de prompte expédition, soit comme gratification, ni pour quelque cause et sous quelque prétexte que ce soit, à peine de destitution de leur emploi, et d'être condamnés à une amende qui ne pourra être moindre de cinq cents francs, ni excéder six mille francs, sans préjudice, suivant la gravité des cas, de l'application de l'art. 174 du Code pénal. Il est ordonné à nos procureurs généraux et procureurs du roi de dénoncer d'office, ou de poursuivre, sur la plainte des parties intéressées, les abus qui viendront à leur connaissance.

Art. 86. Les dispositions de l'art. 64 ci-dessus sont communes aux huissiers, lesquels, en cas de contraventions, seront poursuivis de la même manière par nos procureurs et sous les mêmes peines.

Institution des Commissaires-priseurs, et concurrence des Huissiers.

Loi du 28 *avril* 1816.

Art. 89. Il pourra être établi, dans toutes les villes et lieux où Sa Majesté le croira convenable, des commissaires-priseurs, qui n'auront, conformément à l'art. 1er de ladite loi, de droit exclusif que dans le chef-lieu de leur établissement. Ils auront, dans tout le reste de l'arrondissement, la concurrence avec les autres officiers ministériels, d'après les lois existantes.

Déclaration de Vente.

Si le commissaire-priseur et l'huissier étaient empêchés de faire au receveur la déclaration de vente, ils pourraient la faire faire par un fondé de pouvoir spécial. La procuration peut être donnée sous seing privé, et n'est soumise à aucun enregistrement, en vertu d'une décision ministérielle en date du 17 mai 1830 ; mais elle doit être faite sur timbre.

Objets qui ne peuvent être mis en vente qu'après avis donné aux autorités compétentes.

PRESSES, CARACTÈRES ET USTENSILES D'IMPRIMERIE.

Deux circulaires du Ministre de la justice, en date des 13 juillet 1824 et 9 novembre 1831, prescrivent et enjoignent aux commissaires-priseurs et autres officiers publics chargés de faire les ventes mobilières de donner avis au bureau de la librairie, dans les villes où il y en a un, et au procureur du roi, dans les autres, de toutes les ventes de presses, caractères et ustensiles d'imprimerie auxquelles ils sont chargés de procéder.

LAMINOIRS, MOUTONS, ETC.

L'arrêté du Gouvernement, du 3 germinal an IX, porte que les dispositions des lettres patentes du 28 juillet 1783 obligent les entrepreneurs de manufacture, orfèvre, horlogers, graveurs, et autres artistes, de ne faire aucun usage de presses, moutons, laminoirs, balanciers et coupoirs, avant d'en avoir obtenu la permission ; et l'art. 4 de l'ordonnance de police du 4 prairial an IX porte que ceux qui, pour l'exercice de leur profession, auront besoin de pareilles machines, ne pourront en faire usage qu'après en avoir obtenu la permission du préfet de police. — Ainsi, les officiers publics, avant de vendre de pareils objets, doivent en prévenir l'autorité, car les acquéreurs pourraient en faire usage avant de l'avoir prévenue.

CHEVAUX.

Par suite de la demande de M. le Préfet de police, la Chambre des commissaires-priseurs a décidé que M. le Préfet serait prévenu des ventes de chevaux qu'ils feraient à domicile, afin de mettre les préposés à même de s'assurer si les chevaux ainsi mis en vente ne sont pas atteints de maladies contagieuses.

Pour les ventes faites au marché aux chevaux, il est inutile de prévenir, parce qu'il y a toujours des préposés.

VOITURES DE PLACE.

Ordonnance du 25 juillet 1809.

Art. 27. Aucun carrosse de place ne pourra être vendu sans une déclaration préalable à la Préfecture de police, tant par le vendeur que par l'acheteur.

PRODUITS DE PHARMACIE.

En vertu de deux lettres du Préfet de police, des 5 mars 1825 et 24 décembre 1831, les commissaires-priseurs, etc., se trouvent dans l'obligation, 1° de déclarer à la Préfecture, deux jours au moins à l'avance, les ventes de préparations pharmaceutiques et médicales ; 2° de faire examiner, préalablement à la vente, par des personnes de l'art, les substances présumées dangereuses, dont le débit n'est confié qu'à des pharmaciens ; 3° de ne recevoir d'enchères sur ces objets que de pharmaciens ayant le diplôme voulu par l'art. 25 de la loi du 21 germinal an XI.

Contrôle de matières d'or et d'argent.

Extrait de la lettre, en date du 28 juin 1823, de M. le Directeur général des contributions indirectes.

MM. les Commissaires-priseurs, etc., feront, au bureau de garantie de la Monnaie, une déclaration des effets d'or et d'argent qu'ils doivent vendre ; et c'est après la vente que ces effets, s'ils ne sont déjà poinçonnés, doivent être essayés, poinçonnés et soumis à la perception du droit, à moins que, pour se dispenser de ces obligations, l'adjudicataire ne déclare ne pas vouloir conserver dans leur forme les objets qui lui ont été adjugés; auquel cas, ils doivent être brisés par l'employé qui a été spécialement chargé d'assister à la vente.

Dépôts et consignations.

Ordonnance royale du 3 juillet 1816.

Art. 1er. La caisse des dépôts et consignations, créée par l'art. 110 de la loi du 28 avril dernier, recevra seule toutes les consignations judiciaires.

Art. 2. Seront en conséquence versés dans ladite caisse :

N° 3. Les deniers remis par un débiteur à un garde de commerce exerçant une contrainte par corps, pour éviter l'arrestation, conformément à l'art. 14 du décret du 14 mars 1808, et ceux qui, dans les mêmes circonstances, seraient remis à un huissier exerçant la contrainte par corps dans les villes et lieux autres que Paris, lorsque le créancier n'aura pas voulu recevoir lesdites sommes dans les vingt-quatre heures, accordées auxdits officiers ministériels pour lui en faire la remise;

N° 4. Les sommes que des débiteurs incarcérés doivent, aux termes de l'art. 798 du Code de procédure, déposer ès mains du geôlier de la maison de détention pour être mis en liberté, lorsque le créancier ne les aura pas acceptées dans le délai de vingt-quatre heures;

N° 7. Les deniers comptants saisis par un huissier chez un débiteur contre lequel il exerce une saisie-exécution, lorsque, conformément à l'art. 590 du Code de procédure civile, le saisissant, la partie saisie et les opposants, ayant la capacité de transiger, ne seront pas convenus d'un séquestre volontaire dans les trois jours du procès-verbal de saisie; et ceux qui se trouveront lors d'une apposition de scellés ou d'un inventaire, si le Tribunal l'ordonne ainsi sur le référé provoqué par le juge de paix;

N° 8. Les sommes saisies et arrêtées entre les mains de dépositaires ou débiteurs, à quelque titre que ce soit; celles qui proviendraient de ventes de biens-meubles de toute espèce, par suite de toute sorte de saisies ou même de ventes volontaires, lorsqu'il y aura des oppositions dans les cas prévus par les articles 656 et 657 du Code de procédure civile ;

N° 11. Les deniers provenant des ventes des meubles, marchandises des faillis, et de leurs dettes actives, dans le cas prévu par l'art. 497 du Code de commerce.

Art. 5. Tout officier ministériel qui aura fait des offres réelles extrajudiciairement ou judiciairement sera tenu, si elles ne sont pas acceptées, d'en effectuer le versement, dans les vingt-quatre heures qui suivront l'acte desdites offres, à la caisse des dépôts et consignations, à moins qu'il n'en ait été dispensé par ordre écrit de celui qui l'a chargé de faire lesdites offres.

Art. 6. Tout garde de commerce, huissier ou geôlier, qui, ayant reçu des sommes dans les cas prévus par les n°s 3 et 4 de l'art. 2 ci-dessus, n'en aura pas fait le versement à la caisse des dépôts et consignations dans les délais prescrits par ledit art. 2, sera poursuivi comme rétentionnaire de deniers publics. — Seront, à cet effet, tenus les gardes de commerce et huissiers de mentionner au pied de leurs exploits, et avant de les présenter à l'enregistrement, s'ils ont remis au créancier les sommes par eux reçues, et de mentionner également cette remise sur leurs répertoires, et les geôliers feront ladite mention sur leurs registres d'écrou.

Art. 7. Tout notaire, greffier, huissier, commissaire-priseur, courtier, etc., qui aura procédé à une vente, sera tenu de déclarer au pied de la minute du procès-verbal en le présentant à l'enregistrement, et

de certifier par sa signature, qu'il a ou n'a pas d'oppositions, et qu'il a ou n'a.pas connaissance d'oppositions aux scellés ou autres opérations qui ont précédé
ladite vente.

Art. 8. Les versements des sommes énoncées au
n° 8 de l'art. 2 seront faits dans la huitaine, à compter de l'expiration du mois accordé par l'art. 656 du
Code de procédure aux créanciers pour procéder à
une distribution amiable. — Ce mois comptera, pour
les sommes saisies et arrêtées, du jour de la signification au tiers saisi du jugement qui fixe ce qu'il doit
rapporter. — S'il s'agit de deniers provenant de ventes ordonnées par justice, ou résultant de saisies-
exécutions, saisies foraines, saisies-brandons, ou
même de ventes volontaires auxquelles il y aurait eu
des oppositions, ce délai courra du jour de la der-
nière séance du procès-verbal de vente; — S'il s'agit
de deniers provenant de saisies de rentes ou d'im-
meubles, du jour du jugement d'adjudication.

Art. 9. Conformément à l'art. 10 de la déclaration
du 29 février 1648 et de celle du 16 juillet 1669, le
directeur général de la caisse des consignations pourra
décerner, ou faire décerner par les préposés de la
caisse, des contraintes contre toute personne qui,
tenue d'après les dispositions ci-dessus de verser des
sommes dans ladite caisse ou dans celle de ses préposés, sera en retard de remplir ces obligations; il
sera procédé, pour l'exécution desdites contraintes,
comme pour celles qui sont décernées en matière
d'enregistrement, et la procédure sera communiquée
à nos procureurs près les Tribunaux.

Art. 10. Tout notaire, courtier, commissaire-priseur, huissier ou geôlier, qui aura contrevenu aux obligations qui lui sont imposées par la présente ordonnance, en conservant des sommes de nature à être versées dans la caisse des consignations, sera dénoncé par nos préfets ou procureurs à celui de nos ministres dans les attributions duquel est sa nomination, pour sa révocation nous être proposée, s'il y a lieu, sans préjudice des peines qui sont ou pourront être prononcées par les lois.

Priviléges sur les cautionnements; — Formalités à remplir pour en obtenir le remboursement.

Loi du 25 nivôse an XIII (15 *janvier* 1805).

Art. 1er. Les cautionnements fournis par les huissiers, et autres, sont affectés, par premier privilége, à la garantie des condamnations qui pourraient être prononcées contre eux par suite de l'exercice de leurs fonctions ; par second privilége, au remboursement des fonds qui leur auraient été prêtés pour tout ou partie de leur cautionnement ; et subsidiairement, au paiement, dans l'ordre ordinaire, des créances particulières qui seraient exigibles sur eux.

Art. 2. Les réclamants, aux termes de l'article précédent, seront admis à faire, sur ces cautionnements, des oppositions motivées, soit directement à la caisse d'amortissement, soit aux greffes des Tribunaux dans le ressort desquels les titulaires exercent leurs fonctions ; savoir : pour les notaires, commissaires-priseurs, avoués, greffiers et huissiers, au greffe des Tribunaux civils ; et pour les agents de change et courtiers, au greffe des Tribunaux de commerce.

Art. 4. La déclaration au profit des prêteurs des fonds de cautionnement, faite à la caisse d'amortissement à l'époque de la prestation, tiendra lieu d'opposition pour leur assurer le privilége du second ordre, aux termes de l'art. 1er.

Art. 5. Les notaires et avoués, greffiers et huissiers près les Tribunaux, ainsi que les commissaires-priseurs, seront tenus, avant de pouvoir réclamer leur cautionnement à la caisse d'amortissement, de déclarer, au greffe du Tribunal dans le ressort duquel ils exercent, qu'ils cessent leurs fonctions. Cette déclaration sera affichée dans le lieu des séances du Tribunal pendant trois mois ; après ce délai, et après la levée des oppositions directement faites à la caisse d'amortissement, s'il en était survenu, leur cautionnement leur sera remboursé par cette caisse, sur la présentation et le dépôt d'un certificat du greffier, visé par le président du Tribunal, qui constatera que la déclaration prescrite a été affichée dans le délai fixé ; que pendant cet intervalle il n'a été prononcé contre eux aucune condamnation pour fait relatif à leurs fonctions, et qu'il n'existe au greffe du Tribunal aucune opposition à la délivrance du certificat, ou que les oppositions survenues ont été levées.

Certificats de quitus.

Ordonnance du 22 *août* 1821.

Louis, par la grâce de Dieu, roi de France, etc.

Sur le compte qui nous a été rendu, que, dans plusieurs circonstances, les commissaires-priseurs et les huissiers étaient hors d'état de faire, après un long exercice, les justifications nécessaires pour obtenir le certificat de *quitus*, exigé par le décret du 24 mars 1809, à l'effet de recevoir le remboursement de leurs cautionnements;

Vu la loi du 25 nivôse an 8, les décrets des 18 septembre 1806 et 24 mars 1809, notre ordonnance du 9 janvier 1818;

Voulant conserver les droits acquis aux tiers intéressés sur les cautionnements des officiers ministériels, et ceux de ces mêmes officiers à en être remboursés, lorsqu'après une publicité suffisante de la cessation de leurs fonctions, il ne survient aucune opposition ;

Sur le rapport de notre ministre secrétaire d'Etat,

Notre Conseil d'Etat entendu,

Nous avons ordonné et ordonnons ce qui suit :

Art. 1er. Lorsque les commissaires-priseurs ou huissiers auront cessé leurs fonctions, et que les titulaires, leurs héritiers ou ayants-cause, seront dans l'impossibilité de représenter toutes les pièces comptables nécessaires pour obtenir le certificat de *quitus* exigé par le décret du 24 mars 1809, les chambres de discipline dont les titulaires dépendaient, ou le procureur du roi du ressort , dans les cas prévus par notre ordonnance du 9 janvier 1818 , constateront cette impossibilité, en déduiront les motifs , les chambres de discipline par une délibération , et le procureur du roi dans un avis donné sur la demande des titulaires , de leurs ayants-cause ou de leurs créanciers.

Art. 2. Dans les cas prévus en l'article ci-dessus , la déclaration de cessation de fonctions devra , outre l'affiche prescrite par l'art. 5 de la loi du 25 nivôse an XIII , être insérée , à la poursuite du titulaire ou de ses ayants-droit, pendant chacun des trois mois que durera ladite affiche , dans un des journaux imprimés au chef-lieu de l'arrondissement du Tribunal, ou , à défaut , au chef-lieu du département.

Art. 3. Le certificat des chambres de discipline , ou des procureurs du roi, attestant l'accomplissement des formalités réglées par les articles précédents , tiendra lieu du certificat de *quitus* exigé par le décret du 24 mars 1809.

Art. 4. A l'avenir, les commissaires-priseurs et les huissiers seront admis à faire régler , chaque année, par leurs chambres de discipline, et à défaut de chambre de discipline , par le procureur du roi du ressort, le compte de leur gestion antérieure.

Ce réglement de compte , qui ne pourra porter aucun préjudice aux droits des tiers intéressés , aura pour effet de décharger les titulaires de l'obligation de représenter, lors de la cessation de leurs fonctions, et pour le temps compris audit réglement, le certificat de *quitus* prescrit par le décret du 24 mars 1809.

Présentation des Successeurs.

Loi du 28 *avril* 1816.

Art. 91. Les huissiers, etc., pourront présenter à l'agrément de Sa Majesté des successeurs, pourvu qu'ils remplissent les qualités exigées par les lois. Cette faculté n'aura pas lieu pour les titulaires destitués. Il sera statué par une loi particulière sur l'exécution de cette disposition, et sur le moyen d'en faire jouir les héritiers ou ayants-cause desdits officiers. Cette faculté de présenter des successeurs ne déroge point au droit de Sa Majesté de réduire le nombre desdits fonctionnaires.

Art. 96. Nul ne sera admis à prêter serment et à être installé dans les fonctions auxquelles il aura été nommé, s'il ne justifie préalablement de la quittance de son cautionnement.

Enregistrement.

Loi du 22 *frimaire an VII* (12 *décembre* 1798).

Art. 20. Le délai pour faire enregistrer les exploits et procès-verbaux des huissiers est de quatre jours.

D'après un arrêt de la Cour de cassation, du 23 floréal an 6, on ne comprendra pas dans le délai de quatre jours le jour formant le point du départ, mais il faut y comprendre celui de l'échéance. Ainsi, un exploit fait le premier peut être enregistré le cinq.

Art. 25. Dans les délais fixés par l'article précé-

dent pour l'enregistrement des actes et des déclarations, le jour de l'acte ne sera pas compté. Si le dernier jour du délai se trouve être un dimanche ou un
jour férié, ce jour-là ne sera point compté.

En ce cas, l'enregistrement sera renvoyé au lendemain; et alors, dans
le cas supposé dans l'article précédent, l'acte pourra être enregistré le
six.

Art. 26. Les exploits des huissiers pourront être
enregistrés, soit au bureau de la résidence des huissiers, ou au bureau du lieu où ils les auront faits.

Art. 29. Les droits des actes seront acquittés par
les huissiers personnellement.

Art. 34. La peine contre un huissier, pour un exploit ou procès-verbal non présenté à l'enregistrement dans le délai fixé, est d'une somme de vingt-
cinq francs, et, de plus, une somme équivalente au
montant du droit de l'acte non enregistré. L'exploit
ou procès-verbal non enregistré dans le délai est dé-
claré nul, et le contrevenant, responsable de cette
nullité envers la partie. Ces dispositions, relativement aux exploits et procès-verbaux, ne s'étendent
pas aux procès-verbaux de vente de meubles et autres
objets mobiliers, ni à tout autre acte du ministère
des huissiers sujet au droit proportionnel : la peine
pour ceux-ci sera d'une somme égale au montant du
droit, sans qu'elle puisse être au-dessous de cinquante
francs ; le contrevenant paiera, en outre, le droit dû
pour l'acte, sauf son recours contre la partie, pour
ce droit seulement.

Art. 41. Les huissiers ne pourront délivrer en
brevet, copie ou expédition, aucun acte soumis à

l'enregistrement sur la minute ou original, ni faire aucun autre acte en conséquence avant qu'il ait été enregistré, quand même le délai pour l'enregistrement ne serait pas encore expiré, à peine de cinquante francs d'amende, outre le paiement du droit. Sont exceptés les exploits et autres actes de cette nature qui se signifient à partie par affiches et proclamations, et les effets négociables compris dans l'art. 49, paragraphe 2, nombre 6, de la présente loi.

Art. 42. Aucun huissier ne pourra faire ou rédiger un acte en vertu d'un acte sous signature privée, ou passé en pays étranger, l'annexer à ses minutes, ni le recevoir en dépôt, ni en délivrer extrait, copie ou expédition, s'il n'a été préalablement enregistré, à peine de cinquante francs d'amende et de répondre personnellement du droit, sauf l'exception mentionnée dans l'article précédent.

Art. 44. Il sera fait mention dans toutes les expéditions des actes publics, civils ou judiciaires, qui doivent être enregistrés sur les minutes de la quittance des droits, par une transcription littérale et entière de cette quittance. Pareille mention sera faite dans les minutes des actes publics, civils, judiciaires ou extrajudiciaires, qui se feront en vertu d'actes sous signatures privées, ou passés en pays étranger, et qui sont soumis à l'enregistrement par la présente. Chaque contravention sera punie par une amende de dix francs.

Loi du 28 avril 1816.

Art. 56. L'art. 42 de la loi du 22 frimaire an VII

sera exécuté, néanmoins, à l'égard des actes que
le même officier aura reçus, et dont le délai d'enregistrement ne serait pas encore expiré. Il pourra en
énoncer la date, avec la mention que ledit acte sera
présenté à l'enregistrement en même temps que celui
qui contient ladite mention ; mais, dans aucun cas,
l'enregistrement du second ne pourra être requis avant
celui du premier, sous les peines de droit.

Loi du 13 *brumaire an VII* (3 *novembre* 1798).

Art. 23. Il ne pourra être fait ni expédié deux actes à la suite l'un de l'autre sur la même feuille de
papier timbré, nonobstant tout usage ou réglement
contraire.

Sont exceptés les ratifications des actes passés en
l'absence des parties, les quittances de prix de ventes,
et celles de remboursement de contrats de constitu-
tion ou obligation, les inventaires, procès-verbaux
et autres actes qui ne peuvent être consommés dans
un même jour et dans la même vacation, les procès-
verbaux de reconnaissance et levée de scellés qu'on
pourra faire à la suite du procès-verbal d'apposition,
et les significations des huissiers, qui peuvent également être écrites à la suite des jugements et autres
pièces dont il est délivré copie.

Il pourra aussi être donné plusieurs quittances sur
une même feuille de papier timbré, pour à-compte
d'une seule et même créance ou d'un seul terme de
fermage ou loyer.

Toutes autres quittances qui seront données sur
une même feuille de papier timbré n'auront pas plus

d'effet que si elles étaient sur du papier non timbré.

Art. 24. Il est fait défense aux huissiers, etc.,
d'agir sur un acte ou effet de commerce non écrit sur
papier timbré du timbre prescrit, ou non visé pour
timbre, à peine de cent francs d'amende pour contravention aux art. 23 et 24, aux termes de l'art. 26,
n° 5, de la présente loi.

Loi du 22 frimaire an VII (12 *décembre* 1798).

Art. 69 (n° 6). Les billets à ordre et tous effets
négociables pourront être présentés à l'enregistrement, en même temps que les protêts qui en auront
été faits, à l'exception des lettres de change tirées
de place en place, dont s'agit à l'article ci-après.

Nota. Le droit proportionnel desdits billets à ordre est cinquante centimes par cent, plus le décime.

Loi du 28 avril 1816.

Art. 50. Seront soumises au droit de vint-cinq centimes par cent francs, les lettres de change tirées de
place en place et celles venant de l'étranger, lorsqu'elles sont protestées faute de paiement ; elles pourront n'être présentées à l'enregistrement qu'avec l'assi-
gnation ; et dans le cas de protêt faute d'acceptation,
les lettres de change devront être enregistrées seulement avant que la demande en remboursement ou en
cautionnement puisse être formée contre les tireur et
endosseur.

Sous peine de cinquante francs d'amende, aux termes de l'art.
41 de la loi du 22 frimaire an VII (12 décembre 1798), ci-avant
transcrit.

Art. 6. Les lettres de change tirées par seconde, troisième ou quatrième, pourront, quoique étant écrites sur papier non timbré, être enregistrées, dans le cas de protêt, sans qu'il y ait lieu au droit de timbre, pourvu que la première, écrite sur papier au timbre proportionnel, soit présentée conjointement au receveur de l'enregistrement.

Actes à enregistrer en débet.

Loi de finances du 25 mars 1817.

Art. 74. Les actes et procès-verbaux des huissiers, etc., autres que ceux des particuliers, et généralement tous actes et procès-verbaux concernant la police ordinaire, et qui ont pour objet la poursuite et la répression des délits et contraventions aux réglements généraux de police et d'imposition ; seront visés pour timbre et enregistrés en débet, lorsqu'il n'y aura pas de partie civile poursuivante, sauf à suivre le recouvrement des droits contre les condamnés.

Timbre.

Loi du 13 brumaire an VII (3 novembre 1798).

Art. 12. Sont assujettis au droit du timbre établi en raison de la dimension, tous les papiers à employer pour les actes et écritures, soit publics, soit privés, savoir :

1° Les actes des huissiers, et les copies et expéditions qu'ils en délivrent, et les placards faits pour parvenir à une vente de biens-immeubles, et les répertoires.

Art. 13. Tout acte fait en pays étranger, ou dans les îles et colonies françaises où le timbre n'aurait pas encore été établi, sera soumis au timbre avant qu'il puisse en être fait usage en France.

Art. 15. Les effets négociables venant de l'étranger ou des colonies françaises où le timbre ne serait pas établi, avant qu'ils puissent être négociés, acceptés ou acquittés en France, seront soumis au timbre ou au visa pour timbre.

Art. 19. Les huissiers ne pourront employer pour les expéditions des actes retenus en minute, et pour les expéditions des procès-verbaux de vente de mobilier, d'autre papier timbré d'un format inférieur à celui appelé moyen papier, et dont le prix est fixé à un franc vingt-cinq centimes.

Art. 20. Les papiers employés à des expéditions ne pourront contenir, compensation faite d'une feuille à l'autre, savoir : plus de vingt-cinq lignes par page de moyen papier, plus de trente lignes par page de grand papier, et plus de trente-cinq lignes par page de grand registre.

L'art. 174 du tarif du 16 février 1807, maintenant le même nombre de lignes, ajoute que chaque ligne ne contiendra que quinze syllabes. — L'art. 8 de la loi du 18 février 1792 dispose : « Les expéditions seront écrites sans abréviations. »

Art. 21. L'empreinte du timbre ne pourra être couverte d'écriture, ni altérée. Néanmoins, par décision de la Régie, du 6 août 1832, aucune amende n'est encourue à raison de ce que les colonnes du répertoire traverseraient l'empreinte du timbre.

Art. 22. Le papier timbré qui aura été employé à un acte quelconque ne pourra plus servir pour un autre acte, quand même le premier n'aurait pas été achevé.

Art. 26. A peine, pour les huissiers, de vingt-cinq francs d'amende pour contravention aux art. 20 et 21, de cinquante francs pour contravention à l'art. 19, et de cent francs pour contravention aux art. 22, 23 et 24.

Loi du 27 ventôse an IX (18 mars 1801).

Art. 2. La perception du droit proportionnel suivra les sommes et valeurs de vingt francs en vingt francs, inclusivement et sans fraction.

Art. 3. Il ne pourra être perçu moins de vingt-cinq centimes pour l'enregistrement des actes et mutations dont les sommes et valeurs ne produiraient pas vingt-cinq centimes de droit proportionnel.

Loi du 24 mai 1834.

Art. 23. Aucun notaire ou huissier ne pourra protester un effet négociable ou de commerce non écrit sur papier du timbre prescrit, ou non visé pour timbre, sous peine de supporter personnellement une amende de vingt francs pour chaque contravention. Il sera tenu, en outre, d'avancer le droit de timbre et les amendes encourues dans les cas déterminés par les art. 19 , 20 , 21 et 22 ci-dessus , sauf son recours sur les contrevenants.

Réduction des amendes

Prononcées contre les Huissiers par les lois antérieures à la suivante.

Loi du 16 juin 1824.

Art. 10. Les amendes progressives prononcées dans certains cas contre les fonctionnaires publics et les officiers ministériels , par les lois sur l'enregistrement et le dépôt des répertoires, sont réduites à une seule amende de dix francs, quelle que soit la durée du retard.

Toutes les amendes fixes, prononcées par les lois sur l'enregistrement, le timbre, les ventes publiques de meubles , etc., sont réduites, savoir : celles de cinq cents francs à cinquante francs , celles de cent francs à vingt francs , celles de cinquante francs à dix francs , et toutes autres au-dessous de cinquante francs à cinq francs.

Prescription des amendes.

Loi du 16 juin 1824.

Art. 14. La prescription de deux ans, établie par l'art. 61 de la loi du 12 décembre 1798, s'appliquera

tant aux amendes de contravention aux dispositions
de ladite loi, qu'aux amendes pour contraventions
aux lois sur le timbre et sur les ventes des meubles.
Elle courra du jour où les préposés ont été mis à
portée de constater les contraventions, au vu de chaque acte soumis à l'enregistrement, ou du jour de la
présentation des répertoires à leur visa.

L'action pour faire condamner aux amendes sera
prescrite après deux ans, à compter du jour où les
contraventions auront été commises dans les cas déterminés, 1° concernant le dépôt des répertoires,
2° la mention à faire des patentes.

Mode à suivre pour réclamer des remises aux droits d'enregistrement.

Arrêté du ministre des finances du 10 octobre 1821.

Art. 1er. Les particuliers qui se croiront fondés à
réclamer près de nous, soit des remises ou modéra-
tions d'amendes ou de droit en sus et doubles droits,
soit des prorogations de délais pour les paiements
des sommes par eux dues au trésor royal, pourront,
toutes les fois qu'ils le jugeront convenable, et au lieu
de nous les transmettre directement, déposer ou faire
déposer leurs mémoires ou pétitions entre les mains
des directeurs de l'enregistrement du département où
est situé le bureau de perception, en ayant soin ce-
pendant de ne rien changer à la forme de ces réclamations, qui devront toujours énoncer que c'est au
Ministre des finances qu'elles sont adressées.

Art. 2. Les réclamations ainsi déposées seront transmises ensuite par les directeurs à l'administration de l'enregistrement, avec leurs observations motivées, au plus tard dans la quinzaine qui suivra le jour du dépôt.

Art. 3. Aucun changement n'est apporté au mode de transmission des pétitions ou mémoires qui auraient pour objet des réclamations contre des perceptions de droits de timbre et de droits simples d'enregistrement, ou relatives à des affaires domaniales ; les parties continueront, comme par le passé, de nous les envoyer directement.

Obligation de rappeler la patente.

Loi du 25 avril 1844.

Art. 29. Nul ne pourra former de demande, fournir aucune exception ou défense en justice, ni faire aucun acte ou signification extrajudiciaire pour tout ce qui est relatif à son commerce, sa profession ou son industrie, sans qu'il soit fait mention, en tête des actes, de sa patente, avec désignation de la date, du numéro et de la commune où elle aura été délivrée, à peine d'une amende de vingt-cinq francs, tant contre les particuliers sujets à la patente que contre les officiers ministériels qui auraient fait et reçu lesdits actes sans mention de la patente.

La condamnation à cette amende sera poursuivie à la requête du procureur du roi, devant le Tribunal civil de l'arrondissement.

Le rapport de la patente ne pourra suppléer au défaut de l'énonciation, ni dispenser de l'amende prononcée.

Poids et mesures.

Loi du 4 juillet 1837.

Art. 5. A compter du 1er janvier 1840, toutes dénominations de poids et mesures autres que celles portées dans le tableau annexé à la présente loi, et établies par la loi du 18 germinal an III, sont interdites dans les actes publics, ainsi que dans les affiches et les annonces.

Elles sont également interdites dans les actes sous seing privé, les registres de commerce et autres écritures privées produits en justice.

Les officiers publics contrevenants seront passibles d'une amende de vingt francs, qui sera recouvrée sur contrainte, comme en matière d'enregistrement.

Tableau des mesures légales.

NOMS SYSTÉMATIQUES.	VALEUR.
Mesures de longueur.	
Myriamètre	Dix mille mètres.
Kilomètre	Mille mètres.
Hectomètre.	Cent mètres.
Décamètre.	Dix mètres.

NOMS SYSTÉMATIQUES.	VALEUR.
MÈTRE	*Unité fondamentale des poids et mesures (dix-millionième partie du quart du méridien terrestre).*
Décimètre	Dixième du mètre.
Centimètre.	Centième du mètre.
Millimètre.	Millième du mètre.
Mesures agraires.	
Hectare	Cent ares, ou dix mille mètres carrés.
ARE	Cent mètres carrés, carré de dix mètres de côté.
Centiare	Centième de l'are, ou mètre carré.
Mesures de capacité pour les liquides et les matières sèches.	
Kilolitre.	Mille litres.
Hectolitre	Cent litres.
Décalitre.	Dix litres.
LITRE	Décimètre cube.
Décilitre.	Dixième du litre.
Mesures de solidité.	
Décastère	Dix stères.
STÈRE	Mètre cube.
Décistère.	Dixième de stère.
Poids.	
. . . .	Mille kilogrammes, poids du mètre cube d'eau et du tonneau de mer.
. . . .	Cent kilogrammes, quintal métrique.
KILOGRAMME.	Mille grammes, poids dans le vide d'un décimètre cube d'eau distillée à la température de 4 degrés centigrades.

NOMS SYSTÉMATIQUES.	VALEUR.
Hectogramme	Cent grammes.
Décagramme.	Dix grammes.
GRAMME	Poids d'un centimètre cube d'eau à quatre degrés centigrades.
Décigramme.	Dixième du gramme.
Centigramme.	Centième du gramme.
Milligramme.	Millième du gramme.
Monnaie.	
FRANC	Cinq grammes d'argent au titre de neuf dixièmes de fin.
Décime.	Dixième du franc.
Centime	Centième du franc.

Tableau des Marchés

Existant légalement dans l'arrondissement de Bordeaux,

Dressé sur documents officiels.

BORDEAUX :

Grand-Marché...............⎫
Marché des Grands-Hommes.⎬ *Tous les jours.*
Marché des Chartrons........⎭

Ambarès et La Grave. *Le Dimanche.*
Andernos............... *Les 1er et 3e Samedis du mois.*
Belin................... *Le Lundi.*
Cadillac................ *Le Samedi.*

Castelnau	*Le Samedi.*
Créon	*Le Mercredi.*
La Bastide.............	*Le Jeudi.*
La Brède..............	*Le Samedi.*
Lamarque.............	*Le Dimanche.*
Langoiran	*Le Mardi.*
La Teste..............	*Tous les jours.*
Lestiac...............	*Le 1er Dimanche du mois.*
Léognan	*Les Lundi et Samedi.*
Margaux	*Le Dimanche.*
Podensac..............	*Le Mardi.*
Portets	*Les Mercredi et Jeudi.*
Preignac	*Le Lundi.*
Quinsac	*Le Dimanche.*
St.-André de Cubzac.	*Le Samedi.*
St.-Loubès	*Le Lundi.*
Salles.................	*Le Lundi.*

TABLE.

TABLE MÉTHODIQUE

DES MATIÈRES.

FIN.

www.ingramcontent.com/pod-product-compliance
Lightning Source LLC
Chambersburg PA
CBHW050619210326
41521CB00008B/1311